AF358959

RÉPONSE

DU CITOYEN GUÉRIN,

Ancien chirurgien en chef de l'hôpital Saint-André de Bordeaux,

AU CITOYEN DESCHAMPS,

Chirurgien en chef de l'hôpital de la Charité de Paris.

Puderet hæc opprobria nobis, et dici potuisse, et non potuisse refelli.

CITOYEN,

DANS la lettre que vous m'avez adressée, par la voie du journal de médecine de Lyon, vous m'invitez à ne pas me fâcher ; ce conseil est bon, et je le suivrai : mais je suis étonné que vous ne l'ayez pas pris pour vous-même, car vous vous fâchez sérieusement ; et vous en convenez, puisque vous dites que je me plaindrai peut-être de ce que vous m'avez traité avec trop de rigueur.

Non, citoyen, je ne me plaindrai pas plus que je ne me fâcherai ; les personnalités et les invectives me touchent peu, ce sont des traits qui font ordinairement bien plus de mal à ceux qui les lancent,

A

qu'à ceux contre qui ils sont lancés ; et les injures, loin d'être des raisons, sont bien plutôt une preuve qu'on en manque. En répondant à votre lettre, je laisserai donc là la forme pour ne m'attacher qu'au fond.

Vous prétendez d'abord que c'est moi qui ai provoqué la lutte qui s'est élevée entre nous. Les faits prouvent le contraire ; mais, pour le prouver encore mieux, permettez que je rapporte ici l'avant-propos du mémoire que j'envoyai à la société de médecine de Lyon, et qu'on a supprimé pour des raisons que j'ignore.

Vous n'aimez pas mes *avant-propos* ; je le sais : mais il ne sera pas question dans celui-ci du *philosophe de Syracuse*, que vous paroissez ne pas aimer non plus, et j'en suis surpris ; quand on aime autant la vérité que vous le dites, il me semble que l'on doit avoir quelqu'estime pour un homme qui sut la découvrir, et distinguer l'or pur d'un frauduleux alliage. Voici ce que je disois dans cet avant-propos.

» Plusieurs expériences m'ayant convaincu de
» l'avantage qu'on pouvoit retirer de l'emploi des
» réfrigérants en général, dans le traitement des
» anévrismes, et sur-tout de l'action immédiate
» du froid sur la tumeur anévrismale, lorqu'elle
» étoit située de manière à pouvoir en éprouver
» les effets, je crus devoir me hâter de faire con-
» noître ces expériences, pour mettre les gens de
» l'art à même de les vérifier, en les répétant. »

» Je lus, dans ce dessein, un mémoire sur ce
» sujet, dans une séance de la société de médecine
» clinique de Bordeaux, qui, jugeant que les moyens
» que je proposois agrandissoient les ressources de
» la *therapeïe* des anévrismes, délibéra, pour leur
» donner une plus prompte publicité, d'envoyer
» un extrait de ce mémoire à la société de médecine
» de Paris. »

» Cette société, pour remplir les vues de celle
» de Bordeaux, consigna cet extrait dans son re-
» cueil périodique ; mais sous la garantie de la
» société qui le lui envoyoit, et avec des réflexions
» qui tendoient à prouver que les moyens que j'ai
» employés ne sont pas nouveaux, et que ma mé-
» thode n'est que celle de Valsalva, rapportée par
» Morgagni, et dont Sabatier avoit expérimenté les
» bons effets. On a dit plus depuis ; on a prétendu
» que les guérisons que je citois, n'étoient que
» l'effet d'un travail qui appartenoit tout entier à
» la nature, et quelques personnes ont été même
» jusqu'à jeter des doutes sur ces guérisons. »

» S'il n'étoit question, dans tout ceci, que de
» ce qui m'est personnel, et du vain amour propre
» d'auteur, j'en ferois aisément le sacrifice, et je ne
» réclamerois pas contre des opinions, qui sem-
» blent d'ailleurs s'entre-détruire elles-mêmes, par
» le choc de leurs contradictions ; j'attendrois pa-
» tiemment que le temps vint montrer la vérité, en

» levant le voile dont on veut la couvrir ; mais il
» s'agit ici d'un plus grand intérêt, il y va du salut
» des malades ; et si l'humanité m'a engagé à publier
» mes observations, l'humanité me fait encore un
» devoir de les défendre contre des critiques, qui,
» quelque peu fondées qu'elles soient, peuvent
» cependant nuire à l'adoption d'un moyen que je
» crois très-utile. »

» Je sais qu'en accueillant trop légèrement les
» découvertes nouvelles, on s'expose souvent à
» n'embrasser qu'une erreur ; qu'il est prudent de
» se défendre de l'enthousiasme qu'elles excitent,
» et de se tenir en garde contre l'illusion. Mais si,
» comme l'a dit un philosophe célèbre de l'anti-
» quité, le doute est le commencement de la sa-
» gesse, ce doute dégénère en un pirrhonisme qui
» répugne à la raison, quand il porte sur des faits
» marqués au coin de l'évidence ; et les observa-
» tions que j'ai données sur l'anévrisme, me parois-
» sent avoir ce caractère, puisqu'elles ont été faites
» dans un hôpital, en présence d'un grand nombre
» d'élèves, et sous les yeux de plusieurs maîtres
» distingués dans leur art. »

» Je me bornerai donc à cette seule observation
» sur ce point ; elle suffit pour faire revenir de leur
» prévention ceux qui cherchent la vérité de bonne-
» foi, et j'en dirois inutilement davantage pour
» ceux qui ne veulent pas la voir. »

» Quant à ceux qui, en admettant les faits, ont
» cru cependant devoir faire des objections, et at-
» tribuer mes succès à d'autres causes que celles
» auxquelles je les rapporte, je ne négligerai rien
» pour les détromper, et j'espère qu'ils m'en sau-
» ront gré, parce qu'ils désirent sincèrement les
» progrès de l'art, pour l'avantage de l'art même.
» Bien différents en cela de ces hommes dont l'or-
» gueil ne voit ou n'estime que leurs propres décou-
» vertes, et qui regardent avec dédain tout ce qui
» n'étant pas d'eux, ne peut rien ajouter à leur
» gloire personnelle. »

» J'examinerai donc d'abord, si les moyens que
» j'ai employés ne présentent rien de nouveau ; si
» ma méthode n'est que la méthode affoiblissante
» de Valsalva, ou si les succès que j'ai obtenus,
» doivent être rangés dans la classe des cures spon-
» tanées. Mais pour faciliter la discussion et rendre
» plus sensible tout ce que j'ai à dire sur ce sujet,
» je dois nécessairement commencer par faire con-
» noître mon mémoire sur l'anévrisme, puisque
» c'est essentiellement sur les faits qu'il renferme
» que doivent porter mes raisonnements et mes
» preuves. »

» Je ne me dissimule pas combien ce mémoire
» pêche par la forme, et qu'il auroit besoin d'être
» refondu ; que c'est peut-être même cette consi-
» dération qui engagea la société de médecine de

» Bordeaux à ne le donner que par extrait : mais
» les circonstances me font une loi aujourd'hui de
» le faire connoître tel qu'il est, et tel que je le lus
» à la société, qui en a gardé une copie. Je me
» permettrai seulement d'ajouter quelques notes au
» texte, lorsqu'elles me paroîtront nécessaires. »

» Au surplus, si cet écrit ne répond pas entiè-
» rement à mes vues, relativement à l'avantage que
» je me suis flatté qu'on pourroit en retirer, j'aurai
» toujours atteint en partie mon but, en réveillant
» l'attention des hommes éclairés sur un objet aussi
» important: et si je ne m'abuse, j'ose croire que
» déjà c'est la discussion à laquelle a donné lieu
» l'extrait de mon mémoire, dans la société de
» médecine de Paris, qui a déterminé cette société
» à proposer un prix sur ce sujet ; ce qui ne peut
» manquer d'y répandre de nouvelles lumières.
» Heureux, si les concurrents en trouvent quelques
» traits dans ce que je vais dire (1). »

Cet avant-propos prouve donc, comme je l'ai
annoncé, que je ne suis point le provocateur dans
cette lutte, puisque je n'y prends que l'attitude de la
défensive, et que je me borne en effet à repousser
vos attaques : il prouve de plus, que mon mémoire,

---

(1) Voyez le mémoire dans le journal de médecine de Lyon,
tome premier, n°. 3.

imprimé dans le journal de médecine de Lyon, est absolument le même que celui que je lus à la société de médecine clinique de Bordeaux, qui en a gardé une copie : et si ce n'est pas une preuve pour vous, qui ne voulez croire qu'aux *imprimés ou aux scellés*, que je ne l'ai pas rectifié, ainsi que vous le préten- dez, d'après vos écrits ; c'en sera certainement une pour les personnes raisonnables et non prévenues, et ce sont les seules qu'il m'importe de persuader.

On jugera encore, d'après cet avant-propos, si j'annonce d'aussi grandes prétentions que vous le dites, lorsque je finis par dire, je crois assez mo- destement, que si mon travail ne répondoit pas aux espérances que j'en avois conçues, j'aurois au moins la satisfaction d'avoir excité l'attention sur cette importante matière, et que, si je ne m'abusois, j'osois croire que c'étoit, ce que l'on en connoissoit déjà, qui avoit engagé la société de médecine de Paris, à proposer un prix sur le traitement des anévrismes.

Quoi ! allez-vous vous écrier, c'est-là de la modestie, et vous avez la vanité de croire que c'est vous qui avez éveillé l'attention des gens de l'art sur ce sujet, tandis que mes observations, mes disser- rations, mes réflexions, tous mes écrits enfin, prouvent jusqu'à l'évidence, que c'est moi qui ai cet avantage. Lisez le journal de médecine, me direz- vous, tom. 7, pag. 420 ; voyez ce que le secrétaire-général de la société dit de moi à ce sujet, dans la notice qu'il donne de ses travaux. J'ouvre le livre à la page indiquée, et j'y lis en effet :

» A cette époque (au mois de Mars 1792) notre
» collègue Deschamps publia des observations très-
» intéressantes sur les blessures des grandes artères
» et sur plusieurs anévrismes de l'artère poplitée,
» qu'il avoit opérés avec succès à l'hospice de la
» Charité. Le même ouvrage, enrichi de nouvelles
» observations et de réflexions judicieuses sur l'a-
» névrisme poplité, a été réimprimé à la suite du
» traité de la taille de l'auteur. Ce travail, absolu-
» ment neuf sur cette matière, éveilla l'attention
» des praticiens ; quelques mémoires furent envoyés
» à la société. Les discussions auxquelles ils don-
» nèrent lieu, déterminèrent la compagnie à pro-
» poser pour sujet d'un prix, de décider quels sont
» les avantages et les inconvénients des différentes
» méthodes de traiter l'anévrisme. »

Cette notice, j'en conviens, est toute en votre faveur : examinons-la cependant un peu de près, et voyons si, en prouvant, comme vous le dites, tout ce que l'on peut attendre de la complaisance des amis, que les vôtres me paroissent avoir porté un peu loin ici pour vous, elle ne prouveroit pas le contraire de ce qu'on auroit voulu faire entendre.

Quelqu'intéressantes que fussent vos observations sur les blessures des grandes artères, et sur plusieurs anévrismes, ce travail n'étoit point encore absolument neuf, lorsque vous le publiâtes pour la première fois ; il n'eut ce mérite, selon la notice, que lorsque vous le fites réimprimer, *enrichi de nouvelles observations et réflexions judicieuses sur l'anévrisme poplité*. Or, à cette époque, la société de médecine avoit déjà reçu quelques mémoires, et notamment l'extrait du mien, puisque vous le rappelez dans cet ouvrage et que vous l'y censurez. Donc ce n'est pas ce travail absolument *neuf*, après avoir été remis sur le *métier*, qui a réveillé l'attention des praticiens ; donc ce furent, au contraire, les mémoires envoyés à la société. Et observez que l'on dit encore immédiatement après et d'une manière très – positive, que ce furent les discussions auxquelles donnèrent lieu ces mémoires, qui déterminèrent la compagnie à proposer ce sujet de prix. Donc, encore une fois, votre travail n'a pas même eu ce dernier mérite.

On pourroit cependant ne regarder tout ceci que comme une inexactitude échappée à l'attention du rédacteur ; mais ce qui suit est un peu trop fort pour n'être qu'une faute de cette espèce. En effet, quelques lignes plus bas, en parlant de l'opération de l'anévrisme de l'artère poplitée par l'incision du sac, que vous avez faite à une fille de vingt-deux ans, et qui est, dit-on, bien capable d'encourager les praticiens à cet égard, on ajoute, avec une sorte d'exclamation : *et il est à remarquer que c'est là le premier exemple connu d'une femme attaquée de l'anévrisme vrai de l'artère poplitée.* Quoi ! c'est là le premier exemple d'une femme attaquée de cette maladie, lorsque j'en ai opéré et guéri une qui étoit dans ce cas, quatorze ou quinze ans auparavant, et que ce fait est consigné dans le même journal où l'on avance cette assertion !

Vainement diriez – vous que vous n'êtez pas le rédacteur de cette notice, et que je vous attribue des torts qui ne sont pas les vôtres : car en supposant, ce qui est assez difficile à croire, que ce n'est pas vous qui avez fourni au secrétaire – général les notes relatives à l'anévrisme, matière qui semble être votre propriété exclusive, vous avez eu certainement connoissance de ce qu'il a dit à ce sujet, et en ne relevant pas ses erreurs, elles sont devenues les vôtres.

Quelqu'étonnant que soit tout ce que j'ai remarqué jusqu'à présent dans cette notice, ce n'est cependant pas ce qui m'a étonné le plus : c'est de voir que vous ayez fait une opération d'anévrisme de l'artère poplitée, par l'incision du sac, après tout ce que vous avez dit contre cette espèce d'opération, et dont vous voudriez vous dédire aujourd'hui. Mais vos raisonnemens à cet égard sont d'une foiblesse, qui prouve tout à-la-fois, et le besoin que vous avez de vous défendre, et l'impossibilité où vous êtes de le faire. C'est en vain que vous supposez , que *ce n'étoit que le tableau de cette opération , mis en opposition avec celui de Hunter , et que je particularise à dessein ce que vous généralisez*: vous n'effacerez point ce tableau , que vous me forcez de retracer encore ici , parce qu'en n'osant pas le remettre vous-même sous les yeux du lecteur, et qu'en plaçant mes réflexions sur ce sujet, immédiatement après les deux ou trois lignes que vous en citez, en affoiblissant même la la dureté des traits, vous me faites dire une ineptie qui vous appartient toute entière, et que je dois vous restituer. Le voici ce tableau.

» L'opération de l'anévrisme, par l'incision du
» sac , *exige* une incision des téguments , de
» la longueur de six à sept pouces ; on pénètre
» ensuite , à la profondeur quelquefois de trois
» pouces, dans le tissu cellulaire, entre les muscles,
» en tâchant d'éviter le nerf crural. Dans tout ce
» trajet, on peut intéresser de petites artères qui
» se distribuent aux muscles, et qu'on doit lier par
» prudence. Le sac ouvert, on en extrait les caillots
» et le sang qu'il contient, à différentes reprises.
» On est dans la *nécessité* de laver, nettoyer et
» frotter, pour ainsi dire, toute l'étendue de cette
» énorme surface intérieure, soit avec de la char-
» pie, soit avec une éponge fine : des aides sont
» *obligés* d'écarter les lèvres de la plaie, pour que
» l'opérateur voie le fonds, et par conséquent de

» les tirailler. La plaie nettoyée, la crevasse arté-
» rielle est à découvert; ce n'est qu'en molestant
» les parties, que l'on serre les ligatures à cette
» profondeur. Si quelques collatérales se rendent
» dans l'artère entre les deux ligatures, ainsi que
» l'a remarqué Molinelli, comme on est dans l'in-
» certitude sur le point de l'artère qui fournit le
» sang, on est *obligé* de faire une compression
» dans la crevasse artérielle, ou d'y porter des as-
» tringents ou des caustiques. »

Ce n'est donc point, comme vous l'avancez, après ces deux lignes que vous transcrivez de ce tableau, *on est obligé de nettoyer la plaie à différentes reprises, on en écarte les bords pour découvrir l'artère*; que j'ai dit qu'un chirurgien éclairé ne se conduiroit pas aujourd'hui d'une manière si peu conforme aux principes de la saine chirurgie; c'est après cette longue suite de procédés dangereux que, selon vous, *exige*, *nécessite*, et auxquels *oblige* cette opération, que je me suis élevé contre ce passage, d'autant moins soutenable, que vous vouliez établir, dites-vous, un parallèle entre l'opération par l'incision du sac et le procédé de Hunter, et que, pour faire ressortir les avantages de celui-ci, vous exagériez les inconvénients de l'autre. Si la partialité est toujours une chose blâmable, elle l'est sur-tout lorsqu'en s'instituant, comme vous faites ici, avocat-général dans la cause et se chargeant de tenir la balance en main , on la fait pencher au gré de ses préventions.

Mais que signifie donc le reproche que vous me faites, d'avoir particularisé à dessein ce que vous généralisez! Avez-vous cru par là prévenir celui que vous me mettez en droit de vous faire à vous - même sur ce sujet, en généralisant ce que j'ai vraiment particularisé! J'ai parlé d'un anévrisme de l'artère crurale, dont le volume considérable avoit exigé d'abord une incision de six pouces, que je fus obligé d'étendre encore d'un pouce , et vous me renvoyez , pour prouver que j'ai été au-delà de ce que vous conseillez, à ce que vous dites en général de l'opération de l'anévrisme de l'artère poplitée, et que vous appelez votre procédé opératoire particulier , dans lequel vous parlez en effet d'une incision de cinq pouces *et plus*! Mais que veut dire ce plus! il peut aller au-delà de six ou sept pouces, qui sont de nécessité absolue dans votre tableau général , dont votre tableau particulier, auquel vous en appelez, n'est qu'une copie , puisqu'on y retrouve tous ces préceptes meurtriers de laver, d'éponger, de frotter le fond de la plaie, d'en tirailler les bords, et d'y porter des caustiques.

Au surplus , si dans un cas particulier, et que je spécifie , j'ai fait une incision de sept pouces, je n'en fais pas, comme vous, un précepte général et de rigueur : car vous dites formellement, *l'opération de l'anévrisme, par l'incision du sac, exige une incision des téguments de la longueur de six à sept pouces.* Vous ne dites pas, quelquefois, dans certaines circonstances : c'est toujours. J'ai donc pu dire, en parlant de ce précepte ; quelle nécessité y a-t-il de faire toujours une si grande incision !

Cependant à l'occasion de ce mot *toujours*, que vous prétendez que j'ai ajouté, vous interpellez ma bonne-foi, que vous cherchez à faire suspecter; mais ce mot, je ne l'ajoute point à votre texte, que je n'ai pas besoin de falsifier pour le trouver en défaut; ce mot est à moi, et je m'en sers ; parce que lui seul pouvoit exprimer la conséquence qui se déduit naturellement de l'expression *nécessite*, que vous employez sans restriction, sans rien ajouter de conditionnel.

J'espère que cette explication suffira pour faire cesser le grand étonnement que vous a causé l'étendue que j'ai donnée à mon incision, dans un cas particulier qui la requéroit. Mais vous, que pourrez-vous me dire pour me tirer de celui dans lequel m'a jeté la supposition plus que gratuite que vous avez faite, que dans cette opération j'ai fatigué et irrité les bords et l'intérieur de la plaie ; manoeuvre que je n'ai cessé de condamner, et sur-tout lorsque vous ajoutez : *Croyez-moi, citoyen, à la première occasion que vous aurez d'opérer un anévrisme semblable, suivez exactement le procédé opéra-*

toire que j'ai tracé, car, en vérité, il vaut mieux.

Non, citoyen, ce procédé ne vaut pas mieux que le mien ; car il est le plus mauvais de tous, et je l'ai trop bien prouvé pour qu'on puisse avoir quelques doutes à cet égard : vous-même n'en doutez pas aujourd'hui ; et si, comme il est dit dans le journal de médecine de Paris, vous avez fait l'opération de l'anévrisme poplité par l'incision du sac avec succès, ce succès m'est un sûr garant que vous n'avez pas suivi le procédé que vous conseillez.

Poursuivons, puisque vous le voulez. Vous n'adoptez pas l'interposition d'un bourdonnet entre l'artère et la ligature : vous en êtes le maître ; les avis sont assez partagés, pour que chacun puisse suivre à cet égard son opinion particulière. C'est ce que j'ai fait, lorsque j'ai employé ce moyen ; je n'ai point proposé son application comme un précepte, je me suis contenté de dire les raisons qui m'ont déterminé à en faire usage. Mais vous, vous tranchez hardiment, comme à votre ordinaire, la question, et décidez que *ce procédé est mauvais ; que Saviard lui-même l'a regardé comme inutile.* Si Saviard ne l'a regardé que comme inutile, lorsque vous le trouvez décidément mauvais, il étoit inutile de vous appuyer sur l'autorité de *Saviard lui-même,* qui, allant moins loin que vous, affoiblit votre assertion. Mais vous l'avez prouvée, ajoutez-vous, par des raisons sans réplique. Pas tout-à-fait sans réplique, puisque j'y ai répliqué, comme vous avez vu, et que vous n'opposez rien qui infirme ce que j'ai dit à ce sujet; et la petite plaisanterie que vous avez voulu faire à l'occasion des deux bour-donnets que j'ai placés dans une opération, en disant *qu'il faut convenir que je suis d'une adresse bien étonnante pour tourner autour d'une artère, comme on tourne autour du bras, avec une bande,* ne fait rien à la question qu'elle élude, en vous faisant in-cidenter sur la difficulté de la manoeuvre. — *Elle a pu paroître merveilleuse,* dites-vous, *à quelques gens :* cette expression déprisante pour ceux qui ne sont pas de votre avis, ne le fera pas plus pré-valoir, je pense, que la jactance qui suit. — *Quant à moi, qui suis plus difficile et qui y regarde de plus près, j'ai de la peine à la concevoir.*

Descendant néanmoins de la hauteur du quant à moi, et radoucissant votre ton, qui devient en quelque sorte amical et confidentiel, comme si vous ne vouliez faire connoître qu'à moi seul toute la force de vos raisons et m'engager à prendre con-damnation en silence, vous ajoutez : *Raisonnons tranquillement et sans nous fâcher, car encore faut-il que je me rende compte de ma crédulité, quand je m'y livre.* Je vous observerai aussi, moi, confidentiellement, qu'on ne se rend pas compte de sa crédulité, sur-tout quand on s'y livre ; l'homme crédule croit sans examen. On ne se rend compte

que

que de son incrédulité : voyons sur quoi est fondée la vôtre ; sur ce que, *pour placer un second bour-donnet, il a fallu lui frayer un passage* : et cette première supposition en amène trois autres à la file ; c'est toujours ainsi qu'elles marchent chez vous. Ce passage a dû être frayé, *soit avec l'instrument tranchant, soit avec l'extrémité du doigt, soit avec l'aiguille de Desault.*

Mais vous en serez ici pour les frais de tous les raisonnements que vous faites sur ces trois suppositions ; ils tombent tous avec la première, qui est absolument fausse. J'ai dit, que j'avois saisi, avec les doigts, l'artère qui étoit libre et isolée : je pouvois donc placer le bourdonnet aisément, sans lui pratiquer un passage ; et si cet isolement de l'artère passe votre intelligence, c'est que vous n'avez pas voulu voir, ou que vous n'avez vu qu'avec les yeux de la prévention et pour la critiquer, la figure que j'ai donnée pour rendre l'idée qu'on doit se faire du développement mécanique d'une tumeur anévrismale, et que vous avez gauchement prise pour la figure même d'un anévrisme.

Il ne vous suffisoit pas de vouloir que j'eusse fait un passage au bourdonnet, vous voulez encore me le faire faire à votre guise. Vous voulez que je me sois servi d'une aiguille de mon invention, semblable à celle de Desault, lorsque je dis for-mellement que je ne m'en suis pas servi. Mais

B

vous étiez bien aise de mettre en scène l'aiguille de Desault, pour pouvoir dire, en passant, que *cette aiguille est assez compliquée sans être meilleure*: et, pour cette fois, on voit bien, quoique le trait semble dirigé contre moi, que je ne suis pas le but que vous vous proposiez d'atteindre. On en peut juger par la manière ironique dont vous me félicitez sur mon heureuse rencontre avec Desault. Je reçois cependant cette félicitation avec reconnoissance ; je crois qu'il est aussi heureux pour moi de me rencontrer avec ce chirurgien célèbre, que de ne pas me rencontrer avec vous, sur-tout au sujet de la question relative à l'application d'une ligature inférieure, à laquelle me conduit la suite de votre lettre, que je vais rapporter littéralement sur ce point. J'en interromprai seulement la continuité par quelques réflexions.

Vous ne jugez pas à propos, citoyen, me dites-vous, *de faire une ligature inférieure : long-temps les avis ont été partagés là-dessus ; aujourd'hui la plus saine partie des praticiens s'est déterminée à employer cette seconde ligature. Vous pensez différemment, voyons si vous avez raison.* — Voilà parler, rien n'est plus juste. Mais la justice vouloit aussi que vous ne commençassiez pas par taire la première et la plus forte des raisons que je donne pour n'être pas de cet avis ; je veux dire, les grandes dilatations que nécessitoit cette ligature pour la placer ; dilatations qui peuvent devenir très-dangereuses et qui contrebalancent beaucoup , comme nous aurons occasion de le voir tout-à-l'heure, les avantages qu'on se promet de cette ligature. Je reviens à votre texte. — *Le sang dans sa marche directe circule avec impétuosité, et lentement dans son cours rétrograde, et vous n'aviez pas besoin que je vous en avertisse.* — Eh! non certes, vous n'aviez pas besoin de m'en avertir, puisque c'est moi qui vous l'ai appris dans mon mémoire. — *Mais avez-vous bien réfléchi sur les raisons que vous en donnez, et particulièrement sur le procédé que vous employez pour opposer une barrière à cette marche rétrograde du sang artériel dans un large canal ? Car il n'est pas ici question d'une petite artère qui dans ce cas s'oblitère promptement.* — J'ai très-bien-réfléchi sur ces moyens , et je compte d'autant plus sur leur efficacité, qu'il n'est pas question d'une petite artère, mais d'un *large canal* qui reçoit un filet de sang infiniment petit, eu égard à son diamètre, et que par une aptitude naturelle, il porte bien plutôt dans sa continuité, qui est d'ailleurs vide et libre, que vers le côté opposé, qui est embarrassé par des caillots qui l'obstruent, et dont les parois désorganisées et épaissies tendent à se rapprocher ; car il n'en est pas ici comme de la section ou de la division d'une artère par l'instrument tranchant, où il n'y a d'autres changements dans les parties que l'interruption de continuité.— *Pour tenir lieu de la ligature, vous laissez en place le caillot qui se trouve à l'embouchure inférieure du sac anévrismal, et vous placez un bourdonnet dessus.*— Je ne crois pas qu'on puisse mieux faire, et je m'applaudis de l'avoir fait, puisque c'est avec succès.— *Si ce caillot étoit à l'embouchure de l'artère, vous auriez raison, il faudroit l'y laisser; mais vous savez qu'il n'y est pas et ne peut pas y être.*— Quoi ! je place un bourdonnet pour maintenir le caillot qui est à la partie inférieure de l'artère ; et s'il n'y est pas, cela suppose au moins que je présume qu'il y est, et vous dites que je sais non seulement qu'il n'y est pas, mais qu'il ne peut pas y être ! Ce raisonnement a si peu de sens qu'il va jusqu'à l'absurde.— *A quoi sert-il donc (ce caillot)*! *A empêcher de poser le bourdonnet immédiatement sur cette embouchure ; car vous n'ignorez pas qu'en général dans les hémorragies consécutives, ce seroit en vain que l'on placeroit la charpie sèche sur les caillots ; que les vrais praticiens commencent par en débarrasser toute la partie, pour placer immédiatement la charpie sèche sur le vaisseau, ou l'agaric, quand on veut bien avoir de la confiance dans cette substance.*— Ce seroit, sans doute, fort inutilement que dans une hémorragie consécutive, on poseroit des bourdonnets sur des caillots éloignés de l'ouverture de l'artère ; et les vrais praticiens font bien, dans ce cas là, d'en débarrasser la plaie, pour porter immédiatement sur cette ouverture, un bourdonnet ou de l'agaric, pour favoriser, en suspendant momentanément l'hémorragie par la pression, la formation du caillot qui doit l'arrêter définitivement. Mais si le caillot étoit déjà formé, comme dans le cas dont il s'agit ici, et qui n'a aucun rapport avec une hémorragie consécutive, puisqu'il n'y a pas d'hémorragie, et qu'on doit seulement chercher à la prévenir, ces vrais praticiens se garderoient bien de le détruire comme vous faites. Ils cesseroient d'être les ministres de la nature ; et l'artiste ne doit être que cela ; il la seconde dans ses intentions qu'il cherche à pénétrer, tandis que l'homme présomptueux ne considère rien et la contrarie sans cesse en voulant la soumettre impérieusement à ses vues.— *Votre intention, en plaçant le bourdonnet à l'embouchure inférieure, est sûrement d'y établir un point de compression ; il ne peut produire son effet qu'en comprimant, et vous dites que sur ce bourdonnet vous posez de la charpie mollette, soutenue par un bandage si peu serré, que l'on peut passer le doigt sous chaque tour de bande : soyez donc conséquent, je vous prie. Quoi ! vous voulez exercer une compression sans aucun moyen compressif ! Je n'y entends rien, quoique j'aie long-temps médité sur les effets de*

la ligature, et sur ceux de la compression sans li-
gature. — On voit bien en effet que vous n'y entendez rien , puisque vous croyez que c'est par une
compression circulaire et latérale, que l'on doit fixer
un bourdonnet placé perpendiculairement à l'axe du
vaisseau. Non, citoyen, ce n'est pas sans moyen de
compression que je veux exercer une pression ,
c'est par plusieurs bourdonnets ou tampons de charpie appliqués les uns sur les autres , et dont les
derniers vont prendre leur point d'appui à l'angle
opposé de la plaie. Vous devez sentir combien un
bandage serré est alors inutile , et je suis fort étonné
que vous reveniez encore sur les bandages serrés.
Je croyois m'être déjà suffisamment expliqué avec
vous sur ce sujet ; revenons y cependant, puisque
cela vous fait plaisir. — *Mais d'après la prétention*
que vous avez de m'avoir fait connoître les dangers
d'un bandage serré , je prévois que vous avez dû
être embarrassé. — Pas beaucoup , comme vous
voyez, et probablement moins que vous ne l'êtes
dans ce moment. — *Dans ce cas , il falloit rédi-*
ger votre observation d'une manière plus raison-
nable, ou il falloit y renoncer. — Il se peut que
mon observation pût être mieux rédigée, mais le
mérite de la rédaction est un mérite à part qui ne
fait rien au fond de la chose ; et sous ce rapport,
je crois que j'aurois mal fait d'y renoncer. Quel
bruit, l'opération qui en fait le sujet et qui eut le

plus heureux succès, n'eût-elle pas fait si elle eût été faite par vous ! Combien la seule époque à laquelle elle remonte l'eût rendue précieuse ! Et s'il vous étoit arrivé de faire une erreur sur sa date, ce n'auroit pas été probablement celle que vous avez faite en la rapportant ; vous n'auriez pas mis 96 pour 86, ce qui ne fait seulement que dix années de différence, et prouve l'exactitude de vos citations. — *Si quelquefois le sang ne rétrograde pas vers le sac anévrismal , comme l'expérience le prouve, il n'est pas moins vrai qu'il rétrograde le plus souvent, et que c'est pour le succès, un favorable augure.* — Je pense que la vérité se trouveroit précisément dans l'inverse de la proposition , que l'on pourroit conséquemment énoncer en ces termes : Si quelquefois le sang rétrograde vers le sac anévrismal, il n'est pas moins vrai, comme l'expérience le prouve , que le plus souvent il ne rétrograde pas , à moins qu'on n'enlève les caillots qui sont à la partie inférieure de la plaie , qu'on ne la lave , qu'on ne l'irrite par des frottements réitérés, comme vous le conseillez, et à moins qu'on ne fasse , comme vous avez fait dans votre première opération , où vous dites que *des compresses trempées dans l'esprit-de-vin camphré et ammoniacé, furent appliquées chaudes sur le genou , la jambe et le pied , et renouvelées de quart d'heure en quart d'heure ;* pratique que vous avez toujours

suivie depuis. Mais vous qui me demandiez tout-
à-l'heure si j'avois bien réfléchi sur les raisons que
je donne pour prouver que le sang circule plus
lentement dans sa marche rétrograde , avez-vous
bien réfléchi vous-même , sur les suites funestes
d'une pareille manœuvre ? Que voulez - vous faire
de votre esprit-de-vin camphré et ammoniacé , et
sur-tout de votre chaleur ? Qu'attendez - vous de
l'emploi de ces moyens ? Avez-vous oublié que dans
ma première observation, ce fut l'application in-
considérée que fit un élève d'un fer chaud au pied,
et d'une flanelle chaude sur la jambe , qui occa-
sionna une hémorragie que je fis cesser par la sous-
traction des corps chauds et l'exposition de la partie
à l'air ? Mais le membre est froid, me direz-vous,
il faut bien le réchauffer. Point du tout, vous lui
donnez la mort en lui donnant les apparences trom-
peuses de la vie. Cette chaleur artificielle ne sert
qu'à accélérer la décomposition des liqueurs stag-
nantes, et c'est pour cette raison que les topiques
chauds font tomber rapidement en gangrène les
parties gelées sur lesquelles on les applique, tandis
qu'on se sert avec succès de l'eau froide et de la
neige. La chaleur dans le membre opéré , n'est
donc bonne que lorsqu'elle revient naturellement,
parce qu'elle est alors un phénomène dépendant de sa
vitalité, et qu'elle en prouve l'existence, sur laquelle
la chaleur factice ne peut qu'en imposer. Com-

bien de membres dans d'autres circonstances, et sur-tout dans les cas de fractures compliquées, sont dévolus au couteau de l'amputation, par l'habitude pernicieuse qu'ont beaucoup de praticiens, d'y appliquer dessus des décoctions et des cataplasmes chauds, au lieu d'enlever sans cesse par des topiques froids l'excès du calorique, produit de la fièvre, soit générale, soit locale, qui s'alimente souvent par ses propres effets ! Mais ce n'est pas le lieu de traiter cette question, je reviens à celle qui nous occupe dans ce moment. Je sais que cette pratique d'appliquer des corps chauds sur le membre après l'opération de l'anévrisme, est assez généralement reçue ; mais ce ne peut pas être une excuse valable pour celui qui nous annonce en débutant, que *la théorie et la pratique des anévrismes sont depuis long-temps le sujet de ses méditations, et qu'il prépare un travail sur cette maladie, qui doit augmenter la somme des connoissances sur cette matière.*

Comme vous., je ne nierai pas les faits, et j'admets *qu'il s'est présenté le mois dernier dans votre hôpital, dans une opération de l'anévrisme poplité, un cas où la ligature supérieure faite, le sang couloit en abondance par l'embouchure inférieure, et ne cessa de couler qu'après que cette portion d'artère eut été liée.* Lorsque ces cas arriveront, et qu'on ne pourra réprimer l'hémorragie par les moyens que j'ai indiqués, ce dont je doute un peu, je pense qu'on doit en effet faire une ligature inférieure. Mais je suis loin de conclure , comme vous le faites d'après cet exemple, *qu'il sera toujours de la prudence du chirurgien de prévenir par cette ligature une hémorragie consécutive,* s'il est vrai , comme je l'ai déjà fait observer , que son application soit dangereuse par les grandes dilatations qu'elle nécessite, ainsi que l'expérience l'a prouvé ; et qu'elle expose les malades à une autre espèce d'hémorragie, en compromettant les articulaires inférieures. On a vu une opération de l'anévrisme de l'artère poplitée faite à Paris , dans laquelle on fut obligé de faire sept ligatures. Le malade mourut peu de jours après dans le délire , et un état spasmodique violent , effets de la douleur. Auroit-il couru plus de risques, ce malade, si on lui eût laissé courir ceux d'une hémorragie secondaire et de la levée de l'appareil que vous redoutez tant ? Non sans doute , puisqu'il est plus que probable que cette hémorragie n'auroit pas eu lieu, et que si elle étoit survenue , on auroit toujours été à temps de l'arrêter. Vous voyez donc d'après cela, citoyen, que j'ai d'assez bonnes raisons pour ne pas tout-à-fait vous en croire , lorsqu'en finissant la tirade que je viens de transcrire mot à mot , vous me dites qu'éclairé par une plus longue expérience, je me repentirai peut-être alors, d'avoir écrit trop tôt ; et ce pronostic pourroit peut-être bien vous regarder un jour. Au reste, si les raisons que je donne pour rejeter la ligature inférieure dans le plus grand nombre des cas, pour ne pas dire toujours, ne paroissent pas suffisantes ; elles suffiront au moins pour contrebalancer l'opinion contraire, et laisser indécise la question que vous tranchez si hardiment.

Je vous ai suivi jusqu'à présent pas à pas dans les quatre ou cinq premières pages de votre lettre. Il seroit trop long de vous suivre ainsi jusqu'au bout, et ce seroit vouloir prouver jusqu'à satiété, que vous n'avez pas écrit une page, une phrase même, dans laquelle on ne trouve ou une contradiction manifeste, ou une assertion fausse, ou une dénégation d'un fait avéré. Je me bornerai donc maintenant à prendre çà et là les traits qui me paroîtront les plus propres à confirmer ce que j'avance. Et ne vous fâchez pas, vous dirai-je à mon tour, car ceci n'est qu'une juste récrimination, puisque je ne fais que repousser les sarcasmes que vous avez voulu lancer contre moi, et dont tout l'odieux doit retomber sur vous.

Vous parlez, je ne sais combien de fois, car c'est à tout propos, de la rupture de l'artère qui eut lieu dans ma seconde opération, et toujours vous en parlez d'une manière différente. Je présumois que cet accident étoit plutôt l'effet d'une traction violente selon la longueur de l'artère , que celui de l'action circulaire de la ligature. Vous qui voyez mieux que les autres, parce que, nous assurez-vous, vous y regardez de plus près , vous l'attribuez dans vos observations sur l'anévrisme de l'artère poplitée, page 67 , *à ce que le cours du sang n'a point été constamment interrompu dans le tube artériel*, ce qui suppose , sans doute , que celui-ci n'étoit pas suffisamment serré par la ligature, et cette présomption acquiert un nouveau degré de probabilité à la page 90 , où on lit : *j'observerai que chez mon malade , et probablement chez celui opéré par M*r*. Guérin , malgré toute la force que j'ai mis à serrer la ligature , le sang n'a pas tardé à passer dans la tumeur , parce que l'artère n'étoit pas assez serrée , ou qu'elle étoit en partie rompue.*— Il est bien ici question comme on voit de rupture , mais ce n'est que d'un commencement, l'artère n'est qu'en partie rompue , et vous la brisez tout-à-fait dans le journal de Paris, tome 7 , page 261 , car vous dites là sans ambiguité : *le citoyen Guérin étrangle outre mesure une artère fémorale et la brise.* Cependant cette même artère étranglée ici outre mesure , ne l'est plus que médiocrement à la page 343 du journal de médecine de Lyon, *où elle a cédé à un étranglement occasionné par une liga-ture peut-être un peu trop serrée ;* tandis que vous nous assurez, dans plusieurs endroits de vos écrits,

que toute la force des doigts est incapable de serrer suffisamment une ligature , et qu'à la page 44 de
vos observations sur l'anévrisme, vou sdites que vous
ne pûtes faire cesser toute pulsation dans la tumeur,
qu'en *serrant prodigieusement* l'artère ; que par-tout
ailleurs , et notamment à la page 20 , vous serrez
toujours *très-fortement.*

Ce ne sont pas là les seules leçons de votre premier texte, il y a encore plusieurs variantes ; mais
je m'en tiens à celles-ci, qui me paroissent assez
disparates pour en former un petit problème dont
la solution n'est pas sans difficulté. Savoir comment
une ligature *qui peut-être n'est qu'un peu trop serrée* , étrangle outre mesure une artère , et comment
cette artère étranglée outre mesure , n'interrompt
cependant pas le cours du sang ! Je suis fâché que
vous ayez dit qu'il n'y a que l'ignorant qui ne doute
de rien , qui explique tout ; car vous seul pouvez
expliquer tout cela , et c'est ce que vous faites en
effet , comme nous allons voir.

Indocti discant et ament meminisse periti.

Fondé sans doute sur une expérience faite sur des
artères de cadavres que vous rapportez quelque
part , et qui tend à prouver que leurs tuniques propres peuvent être brisées par une forte constriction,
à laquelle cependant leur membrane commune, for-
mée par le tissu cellulaire, résiste ; vous avancez que
dans mon opération , *l'artère a été brisée par la com-*

pression circulaire, et que le tissu cellulaire a été pendant du temps, le seul rempart à l'impétuosité du sang, qui trouvant d'ailleurs un passage du côté de la tumeur, a agi avec moins de force sur ses parois affoiblies. — Je vous demanderai d'abord de quelles parois vous voulez parler ici. Seroit-ce de celles de la tumeur, comme on pourroit le croire d'après la construction amphibologique de la phrase ? Je ne vois pas ce que cela pourroit faire à la chose ; et si vous avez entendu parler des parois de l'artère, vous ne faites pas attention qu'étant brisée, elle ne peut plus avoir de parois, du moins dans le lieu de sa rupture ; et vous avez déjà oublié que vous veniez de dire, que *le tissu cellulaire a été pendant du temps, le seul rempart à l'impétuosité du sang.* Je pourrois encore vous demander ce que vous entendez par *du temps.* Cette manière de parler est un peu vague, lorsqu'il faudroit de la précision. Mais passons sur tout cela, et revenons à l'expérience faite sur les artères du cadavre. Nous verrons combien sont erronnées les inductions que vous en tirez pour le brisement de l'artère dans l'opération dont vous parlez.

Admettons donc qu'une ligature puisse être assez serrée pour briser le tube artériel, et que le tissu cellulaire qui l'enveloppe résiste à cette action, cet effet doit nécessairement avoir lieu dans le moment même de la constriction ; vous ne pouvez discon-

venir que cela ne soit vrai au moins pour les artères des cadavres : ce n'est pas quelques heures, ni
même quelques jours après, en ce cas, que la rupture peut se faire. Eh bien ! il en est parfaitement
de même dans celui d'une ligature faite sur le vi-
vant. L'artère doit se rompre tout de suite; ou si
elle ne se rompt que quelques jours après, cette
rupture doit absolument se faire d'une manière toute
opposée. Penser autrement, ce seroit n'avoir aucune idée des changements qui arrivent aux parties
dans l'état pathologique.

En effet, personne n'ignore qu'autant le tissu cellulaire est dans son état naturel, lâche et fort tout-
à-la-fois, autant il est friable, pour ainsi dire, et peu
résistant lorsqu'il est engorgé et enflammé. Ce n'est
plus du tissu cellulaire proprement dit, c'est une
substance carniforme et fongueuse, ainsi que le
prouve dans peu de jours, l'inspection des plaies
dans lesquelles il a été mis à découvert. Or comme
on ne peut douter qu'il n'acquière, même très-
promptement, cette disposition dans l'opération de
l'anévrisme, où il est non seulement mis à découvert, mais fortement tiraillé et molesté, pour me
servir de votre expression favorite, il doit, étant
le premier soumis à l'action immédiate de la ligature, être aussi le premier détruit par cette action.
Il arrive donc, dans cette circonstance, l'inverse
de ce qui arrive dans l'expérience faite sur les artè-

res du cadavre , dont l'application que vous faites ici , ne prouve autre chose sinon qu'en partant d'un principe vrai , on peut arriver à une conséquence fausse , en lui donnant trop d'extension. J'ajouterai encore à cela , que quand votre explication ne seroit pas contredite par les raisons que je viens de donner, elle le seroit par vous-même , puisque vous fixez le *maximum* du temps , où l'hémorragie survient pour cause d'une ligature trop serrée, à douze jours , et que celle qui est survenue à mon malade n'a eu lieu que le quatorzième; circonstance que vous avez grand soin de taire, et sur laquelle vous cherchez même à faire prendre le change , lorsque vous dites : *on ne peut se faire illusion sur la cause d'hémorragie qui a fait périr promptement le malade opéré par M*ʳ. *Guérin.* On voit en effet tout ce qu'il y a d'astuce et de perfidie dans la double entente que peut avoir ici le mot *promptement.* Mais , je le répète encore , ce n'est que le quatorzième jour que l'hémorragie survint chez mon malade ; et cette circonstance, qui prouve que le tissu cellulaire n'a pas été pendant *du temps*, *le seul rempart à l'impétuosité du sang*, détruit aussi la similitude que vous voulez absolument établir entre votre cas et le mien , puisque vous dites que *le sang ne tarda pas à passer* chez votre malade.

Toujours animé d'un zèle ardent pour la défense

des vrais principes de l'art, pour les vôtres s'entend, il étoit naturel que votre style s'élevât au degré d'indignation qu'excite en vous la gravité des atteintes qu'on leur porte. Aussi n'est-il nulle part si véhément que lorsque vous repoussez mon opinion sur les moyens de dégager l'artère des parties qui l'entourent ; il faut rapporter ce passage, en le copiant, pour ne pas l'affoiblir.

» Comment, citoyen, d'après vos connoissances
» en anatomie, osez-vous proposer de disséquer
» avec le doigt l'artère poplitée ! Vous ne craignez
» pas de donner le précepte d'introduire le doigt
» au milieu des articulaires et de toutes les petites
» branches artérielles qui se distribuent aux mus-
» cles et dans le tissu cellulaire, au risque pres-
» que certain de molester l'artère poplitée et le
» nerf principal qui l'accompagne ; de déchirer les
» branches précieuses auxquelles cette artère donne
» naissance dans cet endroit, et sur l'intégrité des-
» quelles l'opérateur fonde tout le succès de son
» opération. Après un conseil aussi téméraire, il
» ne manque plus que de placer un bourdonnet
» sous l'artère. »

J'avoue que je ne reviens pas de la violence de cette tirade, quand j'en examine le sujet, et que je vois que vous ne vous êtes pas apperçu que pour la rétorquer et la faire retomber sur vous avec toute sa pesanteur, je n'aurois qu'à substituer le mot

C

bistouri à celui de doigt. Qu'on se donne la peine de la relire avec ce petit changement, et l'on verra si elle ne vous est pas parfaitement applicable, à l'exception cependant de ce que vous dites du bourdonnet, auquel vous ne voulez pas entendre, et que, par parenthèse, vous placez ici au-dessous de l'artère, au lieu de le mettre dessus. Mais cette petite inadvertance ne vaut pas la peine de nous y arrêter : revenons à la tirade qui nous en montrera bien d'autres.

Je disois dans la note qui a si fort exaspéré votre bile, que je ne voyois pas que vous fussiez très-fondé à croire que j'avois opéré par la méthode de Hunter, en n'appuyant votre opinion que sur ce que l'opération avoit été peu douloureuse et faite en très-peu de temps, parce que je pensois qu'en opérant par l'ancienne méthode, « on avoit bien
» plutôt découvert l'artère à son insertion dans la
» tumeur, et qu'on passoit bien plus aisément la
» ligature dans cette manière d'opérer que dans celle
» de Hunter, où l'on va chercher le tronc artériel
» plus haut et à travers des parties saines avec les-
» quelles il adhère fortement, et qu'il faut dis-
» séquer avec l'instrument tranchant, dont on ne
» peut éviter le danger qu'avec beaucoup de cir-
» conspection et de lenteur, tandis que dans le
» premier cas, les doigts peuvent se charger *jus-*
» *qu'à un certain point* de cette dissection, qui

» se fait avec d'autant plus de promptitude qu'on
» a plus de sécurité. »

Ceci, comme on voit, est un peu différent que
de disséquer l'artère avec le doigt seul, comme vous
le faites entendre ; je m'explique donc et je répète
encore, que le doigt peut d'autant plus aisément
se charger jusqu'à un certain point de cette dissection dans l'opération dont je parle, que le tissu
cellulaire dans ce cas est toujours plus ou moins
infiltré, ce qui le rend très-facile à pénétrer avec
des corps mousses, avantage que ne présente pas
la méthode de Hunter, qui se pratique dans des
parties saines. Mais supposons pour un moment que
ce soit en effet, comme vous nous l'assurez, un si
mauvais procédé que de disséquer *en partie l'artère*
avec le bout du doigt, pourquoi donc vous êtes
vous rendu coupable d'une pareille faute dans l'o-
pération que vous avez faite à Galimar, cocher de
fiacre, où après avoir *soulevé l'artère avec le lacet
dont les extrémités étoient tirées en haut par un
des assistants, vous la dégageâtes en partie du
tissu cellulaire, vers ses parties latérales, au-
dessous de la ligature*, ce que vous fites, *des deux
côtés, à l'aide du manche du bistouri*, qui équi-
vaut bien, je crois, au bout du doigt ! Cependant
je ne puis qu'applaudir, en supposant que la chose
fût nécessaire, à cette prudence. Le manche du bistouri valoit mieux que sa pointe ; c'étoit le moyen

le plus sûr de ménager les articulaires au milieu desquelles vous me voyez, en frémissant, porter un doigt destructeur.

Mais pourrois-je vous demander, citoyen, pourquoi vous prenez un si grand intérêt au sort des articulaires; les croyez-vous très-utiles ? — Belle question que vous me faites-là, m'allez-vous dire ! Vous n'avez donc pas lu ce que je pense à ce sujet, dans mes réflexions sur l'anévrisme, où je donne pour premier précepte, car j'en donne toujours, *de conserver le plus grand nombre possible d'artères collatérales qui décident du succès de l'opération*; précepte que je donne encore, au verso de la même page, dans ces termes : *Le succès de l'opération de l'anévrisme dépendant du sang que les artères collatérales conduisent aux parties situées au-dessous de la ligature, il n'y a pas de doute que plus on conserve de rameaux artériels partant de la fémorale, plus on aura l'espérance du succès*; précepte que je répète pour la troisième fois, crainte qu'on ne l'oublie, à la page 78, où je dis : *Il n'y a pas de doute que le succès de l'opération de l'anévrisme, quelle que soit la méthode qu'on emploie, dépend du cours du sang au-dessous de la ligature; à quelque distance de la crevasse de l'artère que l'on fasse la ligature, le succès dépendra entièrement de la multiplicité ou de la dilatation des collatérales, etc.* ? Je ne finirois pas, si je rapportois tous les endroits où je fais sentir l'importance de ce précepte : il faut, encore un coup, que vous n'ayez pas lu tout cela. — Je vous demande pardon, citoyen, j'ai lu tout cela ; mais j'ai lu aussi ce que vous dites dans les deux pages suivantes : voici ce qu'on y trouve. *Interrogeons actuellement l'expérience, et voyons si véritablement ces artères articulaires sont, je ne dis pas d'une nécessité indispensable pour le succès de l'opération ; mais seulement d'une grande utilité.* — Et l'expérience interrogée, vous fait conclure, par ses réponses, *que la conservation des articulaires n'est pas d'une nécessité indispensable, puisque trois opérés, sur quatre, ont guéri, malgré leur oblitération, et qu'elles peuvent donc être considérées comme n'étant pas d'une grande utilité, puisque sur quatre, elles ont été supprimées et anéanties sans inconvénient chez trois.*

On sent tout le besoin que vous avez, dans ce moment, de rappeler que vous avez des *opinions directes* et des *opinions indirectes*, comme vous avez des tableaux généraux et des tableaux particuliers : car, sans cette distinction, je ne sais trop comment vous vous tireriez de là. Mais, grace à cette ingénieuse idée, vous ne pouvez jamais être embarrassé ; et si l'on vous objecte, par exemple, que vous blâmez dans le journal de médecine (tom. 5, pag. 135) ceux *qui, séduits par de fausses espé-*

rances de *cures spontanées d'anévrisme*, perdent *un temps précieux* sans agir, et que cependant vous assurez, dans votre lettre , que *plusieurs anévris-mes guérissent spontanément, et que la nature en guérit plus qu'on ne croit*; ce que des ouvertures de cadavres plus multipliées pourroient démontrer, et ce qui démontreroit, sans doute aussi, combien j'ai eu tort, comme vous le remarquez , de vous faire dire , que la nature guérit souvent les ané-vrismes ; si, dis-je, l'on vous objecte l'opposition de ces deux dire , que vous importe ! vous en serez quitte pour répondre , que l'un est votre opinion directe, et l'autre votre opinion indirecte. Cet ar-gument est invincible , et sur-tout des plus con-cluants.

Mais finissons sur le chapitre des contradictions, qui seroit intarissable chez vous, et voyons un peu sur quoi sont fondées les prétentions que nous pou-vons avoir l'un et l'autre à la priorité de l'idée de la coagulation du sang dans la tumeur anévrismale, comme moyen de guérison employé par l'art ou par la nature : ceci est curieux.

Après avoir rapporté une partie du passage, dans lequel je prouve qu'aucun auteur n'en avoit parlé avant moi sous ce rapport; que, bien loin de là, tous avoient même établi en principe, qu'il falloit préalablement dissoudre le sang coagulé dans la tu-meur pour la guérir , vous partez d'une exclamation, et vous vous écriez : *Ah*! *citoyen Guérin, un peu moins de présomption, de grace, lisez avant d'écrire, lisez la médecine éclairée, rédigée par Fourcroi, et vous trouverez que quatre ou cinq ans avant votre lecture à la société de médecine de Bordeaux, j'ai dit, en traitant, non pas des réfrigérants, puisqu'il n'en étoit pas question alors* (notez bien cet aveu), *mais de la constriction de l'artère, que le sang s'épaissit dans la tumeur anévrismale; que toute la masse des caillots ou des concrétions lymphatiques contenue, cessant d'être continuellement abreuvée, s'épaissit; que la portion séreuse se dissipant, les parties dont cette masse est composée, se rapprochent, s'unissent intimément, et qu'ainsi, par degrés plus ou moins lents, la tumeur doit diminuer, et qu'enfin il doit en résulter une petite masse dure, plus ou moins volumineuse. Peut-il résulter un autre effet de l'application des réfrigérants, en supposant encore qu'ils le produisent!* — Et non, sans doute, il ne peut pas en résulter d'autres effets; c'est du moins ce que j'en attends, et ce que je n'ai cessé de dire et de répéter, sans que vous veuillez y entendre. Mais, que concluez-vous de là? — Que j'ai parlé de la coagulation du sang dans la tumeur avant vous. — Et qui n'en a pas parlé avant moi, puisque c'est cette coagulation du sang que les anciens croyoient être la cause qui s'opposoit le plus à la guérison de la maladie, et que je regarde au contraire comme un moyen de l'obtenir ! Quoi ! c'est sur un pareil titre que vous voulez établir vos droits à l'autorité de cette idée ! Mais vous n'y songez pas ; vous ne faites donc pas attention que vous confondez ici des choses que l'infini sépare, et qui sont les plus opposées ! Il s'agit, dans mon opinion, de coaguler le sang dans la tumeur, pour tenir lieu de la ligature et éviter l'opération ; et vous me parlez des effets résultants de l'opération et de la ligature ! Vous en convenez vous-même, en faisant observer que vous *n'avez parlé de cette coagulation qu'en traitant, non de réfrigérants, puisqu'il n'en étoit pas question alors ; mais de la constriction de l'artère.* En vérité, on ne revient pas de cette absence continuelle de toute logique, et de cette imperturbable déraison.

Mais, s'il vous est permis de déraisonner tant qu'il vous plaît, il ne vous l'est pas de prodiguer l'insulte, sur-tout lorsqu'elle est fondée sur la calomnie ; et vous avez, pour l'insulter, calomnié la société de médecine clinique de Bordeaux, en supposant qu'elle avoit pu se prêter à de basses manœuvres, que vous seul pouviez imaginer, parce que vous seul en étiez capable. Non, citoyen, je ne produirai pas *des manuscrits refaits ou corrigés,* sur-tout d'après vos imprimés, en preuve de ce que j'ai avancé : les faits parlent assez haut pour moi,

(41)

comme le silence du mépris répondra, sans doute,
pour la société de médecine clinique, toujours dé-
positaire, je le répète encore ici, de mon mémoire.

Vous vous plaindrez peut-être, à votre tour, *de
ce que je vous traite avec trop de rigueur.* Mais
je n'en conviendrai pas, comme vous faites à mon
égard dans votre attaque, puisque je n'use ici que
du droit de représailles. Je continuerai donc, et
je dirai encore que vous insultez tout à-la-fois aux
connoissances et à la véracité des citoyens Trayeran
et Rougean, en niant que j'aie lié l'artère fémorale,
dans l'opération de Ternat, au-dessus de la pro-
fonde, lorsque ce fait leur est intuitivement dé-
montré par la dissection des parties, qu'ils ont faite
avec moi, en y mettant tout le soin que comman-
doit l'intérêt de la chose (voyez le journal de la
société de médecine de Lyon, n.° 3, p. 178).—
Mais les commissaires, chargés d'examiner votre
mémoire, ne font pas mention de ce fait dans leur
rapport. — Est-ce ma faute, à moi ! Et devoient-
ils d'ailleurs le faire nécessairement, en rendant
compte d'un mémoire où il ne s'agissoit essentiellement que des effets des topiques froids dans le
traitement des anévrismes, et dans lequel je disois
moi-même, que je ne parlois de mes opérations
qu'occasionnellement ? — Mais vous n'avez pas publié vos observations, et vous le pouviez. *L'aca-
démie de chirurgie a existé jusqu'en 1793. Plus
d'un an AUPARAVANT sa suppression, le journal,*

la médecine éclairée par les sciences physiques, rédigé par Fourcroy, étoit bien connu. A ce journal a succédé celui de la société de médecine de Paris. Que de ressources vous étoient offertes pour publier vos observations intéressantes ! — Comment n'avez-vous pas réfléchi, qu'en tenant ce langage, vous insultiez peut-être encore au malheur ! Saviez-vous quelle pouvoit être ma position à ces époques désastreuses ! Mais aucune considération ne vous arrête ; c'est l'intérêt de l'art qui vous fait prendre la plume ; c'est pour vous élever contre mes *dangereux procédés, qu'il est de votre devoir de rectifier !* C'est vous qui parlez ainsi ! et c'est vous qui avez opéré l'infortuné homme de lettres, que vous auriez probablement guéri avec quelques compresses d'eau froide, et qui a si bien justifié l'épigraphe de votre ouvrage : *Multo vitam cum sanguine fudit !* Il faut vous entendre parler vous-même (journal de médecine, tome 5., page 197), *le malade, malgré toute la promptitude qu'il me fut permis de mettre à lier l'artère, perdit une telle quantité de sang, qu'il tomba dans un affaissement dont il ne s'est point relevé, malgré tous les secours qu'on lui administra. Il s'éteignit par degré, et mourut à minuit, huit heures après l'opération.* — Ce malheureux mourut donc, pour ainsi dire, sous le couteau ; mais après quelles douleurs ! Cette tragédie a plus d'une scène : celle qui termine ses jours n'est pas la plus cruelle. Il avoit subi, quatre jours avant, une opération, des suites de laquelle vous rendez compte encore vous-même, en ces ces termes : *Le malade étoit extrémement fatigué par la longueur de l'opération, qui avoit duré près d'une heure, et par les vives douleurs, les distentions et les déchirements qu'occasionnè-rent les différentes recherches.* — Et ce malheureux, encore une fois, qui subit deux opérations, pour mourir à la fin de la dernière, pouvoit guérir par la simple application de l'eau froide sur la tumeur, et peut-être spontanément, puisque vous dites, *qu'un plus grand nombre d'anévrismes qu'on ne croit, guérit de cette manière.* Mais, malheureusement, votre opinion indirecte sur ce point, l'emporta ce jour-là sur votre opinion *directe* ; vous ne voulutes pas *perdre un temps précieux, en comptant sur de fausses espérances de cures spontanées,* vous vous hâtates d'agir, et l'on a vu le résultat de cet empressement.

Mais cela ne suffit pas ; il faut suivre un peu votre conduite dans cette opération. Que de fautes, sans compter la plus grande de toutes, l'entreprise téméraire d'une opération insolite, dont la possibilité du succès n'étoit fondée que sur une opinion douteuse dans sa source, et qui ne portoit elle-même que sur une opinion hypothétique plus douteuse encore ! Que de fautes, dis-je, sans compter celle-la ! D'abord vous vous décidez pour la ligature au-dessous de la tumeur, parce que vous observiez *combien il étoit difficile de comprimer l'artère au-dessus, et de la découvrir assez pour y placer une ligature.* Cependant quatre jours après, lorsque les difficultés de toute espèce étoient infiniment plus grandes, puisque *les progrès de la tumeur avoient été très-sensibles,* vous trouvez assez d'espace pour comprimer l'artère et la lier au-dessus. Pendant la première opération, vous cherchez, pendant un temps infini, à reconnoître l'artère par ses pulsations ; vous ignoriez que dans ce cas, elle n'en a point ou ne peut en avoir que de très-obscures ; et enfin, instruit par le fait, vous finissez encore par où vous auriez dû commencer, c'est-à-dire, par porter la ligature dans le lieu présumé par les connoissances anatomiques, où devoit se rencontrer l'artère. Vous placez encore dans cette opération, une ligature d'attente parfaitement inutile, et vous entourez le membre de sachets remplis de sable chaud, oubliant que cette fois vous vous proposiez, par la ligature que vous veniez de faire, de coaguler le sang dans la tumeur.

Dans la seconde opération enfin, vous piquez la veine et vous traversez l'artère avec votre aiguille. Peut-on faire, encore un coup, des fautes plus graves et plus multipliées ? Aussi a-t-on vu quelles en ont été les suites.

Si tout ceci est fort sérieux, ce qui suit est vraiment risible. Rien ne l'est plus en effet, que le ton important avec lequel vous nous assurez que *cette observation est neuve et la seule en ce genre ;* que cet air de satisfaction et de triomphe avec lequel vous nous dites , *je suis le premier qui ait eu le courage de tenter cette méthode :* (et il faut bien espérer pour l'honneur de l'art , que vous serez aussi le dernier) ; que cette morgue dogmatique enfin , que vous mettez à donner des préceptes pour mieux faire cette opération. Cette intrépidité passe toute créance , et rappelle la fable de l'écrevisse, qui enseigne à marcher en avant.

Parlons des réfrigérants , je ne puis le faire plus à propos qu'après votre *observation neuve et la seule en ce genre.* On en sentira mieux tout le prix , en voyant le contraste des procédés qui présentent d'un côté une opération aussi cruelle qu'incertaine ; et de l'autre , des moyens aussi doux que certains.

Je ne m'arrêterai pas aux absurdes puérilités que vous débitez, pour vous disculper du reproche que je vous avois fait de lire avec bien peu d'attention, ou de citer bien négligemment les écrits que vous censurez , ainsi qu'à tout ce que vous dites pour prouver que vous avez *conseillé positivement d'employer les mêmes moyens que je propose.* J'irai droit à votre question. *Pourquoi à Bordeaux les anévrismes guérissent-ils presque tous par l'application de l'eau froide, tandis qu'à Paris on a toujours en vain employé ce moyen , même avec persévérance* ! En attendant que vous appreniez qu'il a réussi ailleurs qu'à Bordeaux (1), je vais

(1) Après avoir hésité long-temps, retenu par la crainte qu'on ne me soupçonnât de trop de vanité, de publier l'extrait de la lettre suivante, j'ai fini par me décider à le faire, parce que l'intérêt de la chose m'a paru devoir l'emporter sur tout autre motif. Cette lettre, datée du 19 Nivôse an 7, m'a été écrite par le chirurgien en chef du grand Hôtel-Dieu de Lyon, le citoyen Petit, dont les talents, autant que la conformité de noms rappelle l'idée du plus heureux génie dont s'honore la chirurgie Française. Voici comment il s'exprimoit sur les procédés opératoires que j'avois employés et sur les réfrigérants.

» .... J'ai entendu avec la plus grande satisfaction
» votre mémoire sur les anévrismes ; il est impossible de dire
» des choses plus vraies, mieux dans la nature ; ce que vous
» dites du danger de la rétraction de l'artère, du tamponage
» ou d'un bandage trop serré ; de l'inutilité de la ligature infé—
» rieure ; de l'utilité de respecter certains caillots ; de l'avan—
» tage des bourdonnets placés des deux côtés du tube artériel ;
» du danger des saignées fréquentes qui ôtent au sang la faculté
» de se coaguler ; de l'utilité des topiques froids ; enfin, de
» l'augure favorable que l'on peut tirer de l'augmentation des
» accidents à certaines époques, m'a paru de la plus exacte vérité,
» et entièrement conforme à tout ce que j'ai eu occasion de
» voir dans un grand nombre de maladies semblables. Il fau—
» droit être sans principes et sans art, pour rejeter l'application
» que vous proposez des topiques froids, et l'explication que vous
» donnez du mécanisme de la guérison. Je n'ai encore employé
» votre procédé que deux fois, et déjà il ma réussi une, et
» cela dans un anévrisme faux (car je crois peu au vrai, sur-tout

vous dire pourquoi on l'a vainement employé jusqu'à présent à Paris ; et je veux ici , comme j'ai déjà fait si souvent ailleurs, vous combattre avec vos propres armes , en vous opposant à vous-même. Je n'ai pour cela qu'à rapporter un autre de vos passages que voici. — *Ayant adopté , me dites-vous , l'usage des réfrigérants pour guérir les anévrismes, moyen auquel nos pères ont renoncé , vous ne négligez rien pour lui donner tout l'éclat possible , éclat qui doit réjaillir sur vous. Mais nous qui n'y mettons pas le même intérêt personnel et dont le jugement est plus calme , nous ne voyons pas les choses du même oeil que vous.* Voilà la solution de la question ; c'est précisément parce que vous ne mettez pas *le même intérêt personnel* à la chose,

---

» dans les extrémités) de la partie moyenne de l'artère fémorale
» droite , dans une jeune fille qui portoit aussi un anévrisme au
» cœur. Je travaille en ce moment à un recueil d'observations pra-
» tiques dans lequel ces faits seront consignés. Si cependant
» vous aviez besoin d'en faire usage avant ce temps, je m'en—
» presserois de vous les communiquer ; c'est une lumière qui
» doit remonter à sa source. »

Je demande pardon au citoyen Petit, de la publicité que je donne à sa lettre ; mais pourroit-il trouver mauvais , d'après tous les doutes que l'on cherche à jeter sur l'utilité des réfrigérants, que je les propose encore aux gens de l'art , sous la garantie la plus propre à les engager à en faire l'essai , son opinion et son expérience ?

et que vous en mettez un tout contraire, qu'elle n'a pas réussi. Vous avez beau protester que vous avez employé ce moyen avec persévérance, le non-succès dépose contre cette assertion. Il n'est pas possible que vous n'eussiez pas guéri quelques malades sur le grand nombre que vous dites avoir traité, si vous aviez employé les topiques froids d'une manière convenable.

Quoique la dénégation, votre subterfuge ordinaire quand les faits vous pressent, ne vous coûte pas plus qu'une supposition, vous avez cependant mieux aimé cette fois, supposer que les tumeurs traitées à Bordeaux n'étoient pas des anévrismes, que de nier leur guérison. *Qui nous garantira*, me demandez-vous, *que les tumeurs guéries à Bordeaux étoient véritablement des anévrismes?* Et de ce qu'*un médecin de l'hôpital de la Charité de Paris, et un chirurgien très-exercé qui a l'habitude de voir cette maladie*, (chirurgien que vous ne nommez pas, mais qu'on reconnoît fort bien au petit bout d'oreille qui perce à travers ce modeste incognito), de ce que ces deux hommes se sont trompés dans le diagnostique d'une tumeur, vous concluez qu'on s'est trompé à Bordeaux dans toutes celles qu'on y a traitées. Permettez-moi de vous dire, citoyen, qu'on peut se tromper à Bordeaux puisqu'on se trompe à Paris, mais que la conclusion à *fortiori* que vous avez l'air d'en tirer, seroit un peu vaine. Croyez que nous pouvons avoir quel-

quefois d'assez bons yeux pour des yeux de pro—
vince.

Au reste, dites-nous, je vous prie, de quelle
nature pouvoient être les tumeurs que nous avons
guéries, et qui ressembloient si bien à des anévris—
mes ! Croyez-vous qu'elles fussent formées par une
matière *lymphatique concrète*, comme celle que fit
voir l'ouverture du cadavre de la religieuse dont
vous parlez, et que l'habile chirurgien, qu'on ne
connoît pourtant que par le bout d'oreille, prit pour
une tumeur anévrismale ! Si cela est, convenez au
moins que nous aurions toujours fait une grande
découverte en médecine, en guérissant des maladies
de cette espèce avec de l'eau froide.

Pourra-t-on croire, après le mépris avec lequel
vous avez parlé des réfrigérants, que vous finissez
par dire que vous ne niez pas qu'ils ne puissent guérir, et que vous attendez, pour prononcer sur leur
efficacité, le résultat de l'xpérience : c'est-à-dire, que
vous y croyez comme l'athée de la Fontaine croyoit
en Dieu, par bénéfice d'inventaire, et que vous
vous réservez le droit, à tout évènement, de dire :
je l'avois bien prévu. Mais vous vous êtes expliqué
d'une manière trop décidée, pour pouvoir revenir
sur ce que vous avez dit, sans avoir l'air de chanter
la palinodie, et cependant il faudra bien vous résou—
dre à éprouver cette petite humiliation, s'il est
vrai, comme on me l'écrit dans ce moment de

D

Paris, que le professeur Sabatier vienne aussi de guérir un jeune homme d'un anévrisme de l'artère poplitée, par l'action du froid. Vous ne recuserez pas sans doute cette autorité : il vous restera cependant encore une ressource ; vous direz : *nos pères avoient employé ce moyen* ; soit, je n'en serai pas moins satisfait si vous l'employez aussi d'une manière convenable, et si vous guérissez vos malades sans les opérer sur-tout à votre manière.

Mais c'en est assez, quoique je n'aie répondu qu'à une partie de votre lettre. Serois-je réduit à répondre à tout ? Non, je crois qu'il me suffit de m'être attaché à ce qui étant susceptible de quelque discussion, pouvoit offrir un certain intérêt, et que je dois dédaigner tout le reste. D'ailleurs, ne repoussé-je pas toutes les inculpations à la fois, en faisant connoître celui qui m'inculpe ? Et je pense que je vous ai assez bien peint jusqu'ici. Il ne vous manque plus qu'un trait, c'est celui qui doit ajouter à tous les talents que vous avez développés dans vos écrits, et sur-tout dans votre critique, une modestie qui les égale. Ce trait caractéristique se trouve à la fin de votre lettre que je transcris ici. *J'ai considéré comme un devoir important à remplir celui d'éclairer le public savant sur les vérités fondamentales de la vraie chirurgie. Je m'en tiendrai là, n'attendez de moi aucune réplique, j'en ai dit assez, etc.* C'est fort bien fait à vous d'éclairer les savants. Pour moi, je ne porte pas mes prétentions si loin , je me borne à éclairer ceux qui ne le sont pas , et j'espère que je n'aurai pas écrit tout-à-fait inutilement pour vous. Je vous aurai au moins appris que lorsqu'on est monté sur des échasses de verre , on ne doit pas jeter des pierres aux jambes de ceux qui passent leur chemin. Quant à la menace que vous me faites de n'attendre aucune réponse de vous ; je serai plus honnête : quoique vous trouviez que je manque de politesse , je vous promets de vous répondre , si vous écrivez quelque chose qui en vaille la peine.

P. S. Je conviendrai cependant , qu'en finissant cette réponse , je n'ai pas tout-à-fait tenu la parole que j'avois donnée en commençant, de ne pas me fâcher. J'avois cru , en lisant rapidement votre lettre , pouvoir conserver en y répondant, le sentiment qu'elle m'avoit fait éprouver d'abord, une froide indifférence pour l'insulte qu'elle avoit pour objet, et qui en formoit le fond ; et sous ce rapport, je puis dire encore que ce sentiment ne s'est point démenti : mais lorsque j'ai été forcé, pour les combattre, d'examiner de plus près vos opinions et vos raisonnements, je vous avoue que je n'ai pu me contenir, et que mon indignation s'est montrée peut-être plus forte , par cela même que j'en avois plus long-temps comprimé les ressorts. Pouvoit-elle en effet ne pas éclater lorsque je vous ai vu me faire un reproche de n'avoir pas publié, ainsi que je l'ai déjà dit, mon mémoire sur l'anévrisme, dans un temps, puisqu'il faut le dire enfin, où je gémissois sous le poids d'un inique décret *de mise hors de la loi*, et quand je me rappelois sur-tout que c'étoit dans ce même temps, que pour tromper mes cruels ennuis, j'écrivois ce mémoire; et que je me consolois, en pensant que si j'avois le malheur de succomber, la découverte que j'avois faite ne seroit pas perdue pour l'humanité : il m'étoit doux, lorsque la tyrannie en démence faisoit tomber sa hâche impie sur tant de têtes, et menaçoit la mienne, de m'occuper de l'art salutaire de conserver l'homme. Et c'est ce mémoire qui auroit dû, je n'hésiterai pas à le dire, puisque la calomnie autorise, pour la repousser, à parler avantageusement de soi; c'est ce mémoire qui auroit dû me mériter quelques éloges, au moins ceux qu'on ne peut refuser au désir de bien faire, qui a excité contre moi votre acharnement ! Convenez que quand on a été si cruellement déçu, il est bien pardonnable d'en témoigner quelque ressentiment, sur-tout, quand pour faire triompher une vérité utile dont on a la plus intime conviction, on est obligé de combattre contre la basse jalousie qui voudroit l'étouffer.

GUÉRIN.

Bordeaux, le 27 Floréal an 9.

A BORDEAUX, DE L'IMPRIMERIE DE RACLE.